DIEU

ET

LA FRANCE

LE PRÉSENT ET L'AVENIR

PARIS

A. LAPORTE, ÉDITEUR

LIBRAIRIE ANCIENNE ET MODERNE

BOULEVARD HAUSSMANN, 46, QUAI MALAQUAIS, 7

ET RUE BONAPARTE, 1.

1871

DIEU ET LA FRANCE

LE PRÉSENT ET L'AVENIR

PARIS. — IMPRIMERIE ÉDOUARD BLOT ET FILS AÎNÉ
7, rue Bleue, au coin de la cité Trévise.

DIEU

ET

LA FRANCE

—

LE PRÉSENT ET L'AVENIR

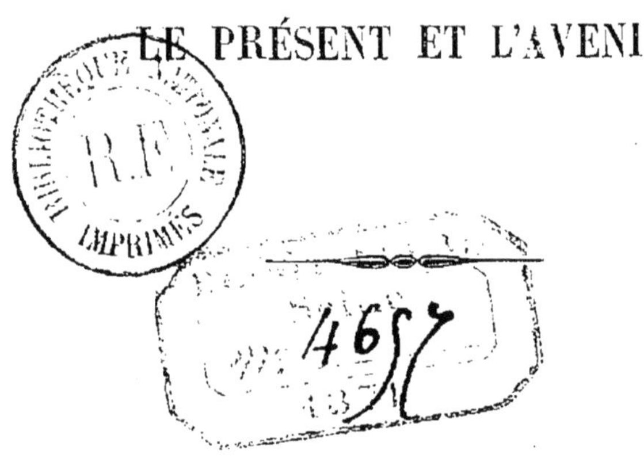

PARIS

A. LAPORTE, LIBRAIRE-ÉDITEUR

LIBRAIRIE ANCIENNE ET MODERNE

46, BOULEVARD HAUSSMANN, 46
QUAI MALAQUAIS, 1, RUE BONAPARTE.

—

1871

III

Chose étrange ! ces oiseaux si divers d'espèce, de forme, de plumage et de pays, semblent s'être concertés et entendus. Eux que la nature a, en quelque sorte, créés ennemis les uns des autres, paraissent unis pour prendre part à l'affreuse curée.

IV

Semblable au vieux lion du bon la Fontaine, et, comme lui, réduite à l'impuissance, un ignoble quadrupède, ton voisin et ton obligé, vient ajouter à toutes tes douleurs le coup de pied de l'humiliation.

V

Mais prends courage. Il est écrit que, comme un autre Antée, tu te relèveras de tes chutes, et que, la rage au cœur et le glaive à la main, ta vengeance sera terrible autant que juste.

VI

LES QUATRE FLÉAUX

Quatre choses principales ont causé les ruines encore fumantes de la France, sa déchéance, son amoindrissement, sa désorganisation. Ces quatre choses, nous pouvons, à bon droit, les nommer les quatre fléaux. Ce sont : la presse, les Chambres, les

associations ou sociétés populaires, la garde nationale.

VII

PREMIER FLÉAU : LA PRESSE

La presse a pris elle-même le premier rang :

En proclamant sans cesse et partout, dans les villes comme dans les campagnes, les principes subversifs et destructeurs de la révolution de 1789.

En atténuant, d'abord par des rapports et des allusions incessantes et perfides, le prestige de la religion, seule base de la morale et de toute société honnête ; puis en l'attaquant ensuite ouvertement, non-seulement dans son principe et ses dogmes, mais dans la personne de ses ministres et du chef vénérable de l'Église catholique.

En prêchant, avec une espèce de fureur calculée *la liberté* ou plutôt la licence jusqu'à l'insurrection.

En demandant, avec une condamnable persistance, la réduction et même la suppression de notre brave armée ; proposition misé en avant par Jules Favre, E. Picard et autres d'aussi triste mémoire, pour arriver plus sûrement à la révolution et au pouvoir.

En poussant follement à l'unité de l'Italie, à celle de l'Allemagne et, plus tard, à la guerre contre la

Prusse, sans en calculer les dangers et les suites, sans connaître nos ressources en hommes, en matétériel et en approvisionnements.

En réclamant avec une maligne ardeur la *liberté des clubs;* en prônant avec emphase les brillantes qualités de leurs tribuns et leurs allocutions régicides et incendiaires.

En s'associant de fait à l'insurrection de Paris et des provinces par de nombreux articles qui donnaient une couleur de justice à ses actes; en demandant à grands cris les *franchises municipales*, qui n'étaient qu'un prétexte, et ne laissant échapper aucune occasion de blâmer et rendre suspectes les dispositions répressives du gouvernement de Versailles et ses résolutions.

En incitant, enfin, les fanatiques et les furieux de la démagogie à la destruction de la colonne et d'autres monuments civils et religieux.

Tels sont les titres méritants qui valent à la presse la place d'honneur parmi les quatre fatalités.

VIII

DEUXIÈME FLÉAU. — LES CHAMBRES

Le second rang leur appartient.

Formée d'hommes de parti, fractionnée en divers groupes, d'idées, de tendances et d'aspirations distinctes, la Chambre actuelle manque d'homogénéité et ne marche point avec ensemble vers un but unique et commun.

Bon nombre des membres qui la composent ne sont que des intrigants sans valeur, auxquels elle assigne une position, ou des ambitieux sans aptitude. Les uns et les autres n'offrent au pays, qui les paye, ni garanties ni sécurité.

La sagesse et la modération, ces deux vertus premières, lui sont absolument étrangères.

Ses débats, le plus souvent futiles ou passionnés, sont sans noblesse et sans dignité, parfois même ils ne présentent que confusion, désordre et anarchie.

Ses décisions, ses actes, en harmonie avec sa constitution vicieuse, n'ont ni à-propos, ni précision, ni énergie; et si, en quelques rares occasions, ils en simulent les caractères, c'est pour faillir aussitôt dans leur exécution.

Aussi, cause incessante d'agitation, de perplexités et d'inquiétudes, la Chambre n'inspire-t-elle aucune confiance. Elle paralyse toutes les affaires, au lieu de les activer et de les développer : elle est l'écueil de notre crédit.

On voit et l'on sent qu'une telle assemblée n'est point la représentation vraie des intérêts et des vœux du pays.

C'est un arbre creux qui produit, il est vrai, mais dont les rameaux mal nourris ne portent que de mauvais fruits.

Telle est la Chambre dans le présent.

Qu'a-t-elle été dans le passé? Écoutez.

En 1789,

L'Assemblée nationale produit la République ou la révolution, la commune, les sections, le Comité de salut public, la Convention, la loi des suspects, les tribunaux révolutionnaires, les massacres de septembre et les journées de 93, le régicide enfin, et tout ce que peuvent enfanter de plus affreux la démence unie à la haine des partis et à la fureur populaire.

En 1830,

Nous voyons la Chambre préparer et concourir au renversement de la légitimité et à l'avénement de la République. Il en surgit l'anarchie, le meurtre, le pillage et l'incendie; enfin, l'impuissance et une nouvelle dynastie.

En 1848,

N'est-ce pas la Chambre encore qui cause la chute du roi? ne sont-ce pas les hommes qui la composent qui nous ramènent la République avec les mêmes désordres? Le sang coule, le pillage s'exécute, l'incendie s'allume ; puis, l'impuissance se manifeste et la dictature triomphe.

En 1870,

L'opposition parlementaire harcèle systématiquement, sans trêve et sans merci, un *monarque libéral*, reconnu et deux fois acclamé par la France entière. Elle le discrédite, le calomnie et l'insulte à la face du pays et aux yeux de l'étranger (1).

C'est la Chambre, ce sont les députés qui proclament la déchéance de l'empire au cri de : Vive la République ! Ce sont eux qui ont ouvert cette boîte de Pandore d'où sont sortis la famine, le bombardement, l'occupation étrangère, la guerre civile, l'incendie, nos désastres, et cette série de forfaits qui ont étonné les deux mondes.

Oui, ce sont les Chambres, sous quelque nom qu'on veuille les désigner, qui ont préludé à tous ces bouleversements ; ce sont ses tribuns démagogues, furibonds et avides, qui ont préparé, incité et coopéré à toutes ces effroyables catastrophes, et causé les malheurs de la patrie.

Et ces mêmes hommes, et d'autres qui leur ressemblent, font aujourd'hui partie de l'Assemblée. Ils y prennent place à côté d'autres hommes dont l'honneur et le passé sont irréprochables ; ils y pérorent

(1) Opinion de l'auteur et non de l'éditeur.

avec audace, y débitent avec impudence leurs perfides insinuations et leurs dangereuses doctrines, et
ne craignent pas, en face d'une autorité apathique à
l'excès, d'y faire appel aux plus mauvaises passions.

Oh! quand je vois la France, non-seulement tolé-
rer de *tels clubistes*, mais les subventionner, je me
sens atterré sous le poids de tant d'aveuglement et
d'une si immense stupidité.

IX

TROISIÈME FLÉAU. — SOCIÉTÉS OU ASSOCIATIONS
POPULAIRES.

Fondées tout d'abord dans un but uniquement phi-
lanthropique, ces sociétés ont insensiblement dévié
de ce principe.

Mis hors de la bonne voie par ce qu'on veut bien
appeler le *progrès des idées*, excités par les utopies
de la presse et des publicistes, prêchant sans cesse
la liberté, l'égalité, les droits de l'homme, le droit au
travail, l'exploitation de l'homme par l'homme, le
socialisme universel, etc., etc., les adhérents à ces
sociétés se sont groupés et concertés. Ils ont constitué des comités correspondants dans chaque vlile,
dans chaque pays, dans chaque État, relevant d'un
comité central auquel ils obéissent aveuglément.

Enhardis par l'inertie ou l'incurie de l'autorité et

des gouvernements, leurs rangs se sont grossis et bientôt ils ont formé un corps nombreux, puissant et redoutable qui à ses statuts, ses lois, ses règlements à part.

Nous avons dit redoutable, car il s'affirme hautement et vient de faire ses preuves.

Enfin, nous trouvons, à cette heure, cette nouvelle puissance en révolte ouverte, non seulement contre les patrons et le capital, mais contre les lois, les gouvernements et la société tout entière qu'elle a juré de détruire et d'anéantir.

Telle est, en peu de mots, cette fameuse société dite *Internationale*, avec laquelle il nous faut compter aujourd'hui.

L'épée de Damoclès est suspendue sur nos têtes.

Nous leur assignons le troisième rang.

X.

QUATRIÈME FLÉAU. — LA GARDE NATIONALE

Indisciplinée et indisciplinable, peuplant les clubs et les cafés, toujours désunie, impuissante à maintenir l'ordre, sans énergie même pour sa propre défense, la garde nationale est quelque chose de pire qu'une inutilité, elle est un danger véritable.

Inconsciente dans ses opinions et dans ses actes, toujours prête à entraver l'action de l'autorité, elle prend part à toutes les émeutes et disparaît au moment du danger. Loin donc de constituer un élément d'orde et de sécurité, cette institution civile d'hommes armés est une de celles qui ont amené et produit les résultats les plus funestes.

Suivons-la dans quelques-unes de ses péripéties.

Nous les voyons se constituer en 1789, malgré les deux pouvoirs existants, et assister, impuissante, à la prise de la Bastille. Frappée de crainte ou d'inertie en face de l'exaltation populaire, elle laisse égorger sous ses yeux son propre chef, le prévôt des marchands, sans rien tenter pour sa défense.

Au 10 Août, elle fait partie de l'insurrection. En regard du danger, elle dépose ses insignes, se mêle à la foule, et assiste en curieuse aux boucheries de septembre et aux horreurs de 1793.

Nous la retrouvons en 1830, mais pour donner la main à l'émeute et concourir à la dévastation de Saint-Germain-l'Auxerrois, ainsi qu'au pillage de l'Archevêché.

En 1831, elle prend part aux insurrections de Lyon, de Marseille et de Paris.

Elle ouvre, en 1848, la marche aux insurgés, puis leur livre ses armes et se perd dans la foule.

Entièrement inactive aux journées de 1849, elle apparaît subitement pour acclamer le pouvoir nouveau.

Que fait-elle en 1870? Bien armée et mieux organisée que jamais, ses actes sont identiquement les mêmes. Au lieu de s'unir, elle se divise. Partie se fond dans l'insurrection, partie se laisse enlever ses quartiers, ses canons, ses armes, sans la moindre résistance effective; elle se dissimule, se confond dans la foule et regarde, impassible, presque insouciante, le drame sanglant et terrible qui se passe sous ses yeux.

L'insurrection vaincue, elle reparaît et se glisse au milieu de nos soldats, mais elle est méprisée et bientôt repoussée. Espérons que c'est pour toujours.

Historique, en raccourci, qui la place au quatrième rang.

XI.

Maintenant, si l'on joint à ces causes premières, l'irréligion, la dépravation des mœurs, le luxe porté à l'extrème dans ces derniers temps, le désir immodéré de l'or qui conduit jusqu'à la bassesse, le défaut absolu de patriotisme, une politique sans jugement qui n'a su nous créer que des ennemis puissants et dangereux, oh! alors, on pourra se faire une juste idée de ce qui a plongé la France dans cet océan de maux où elle se débat aujourd'hui.

XII.

RÉPUBLIQUE ET MONARCHIE

Tout État doit être gouverné; mais il doit l'être avec sagesse et fermeté.

Il y a trois sortes de gouvernements :

La République,

La Monarchie pure,

Et ce gouvernement bâtard, issu des deux premiers, que l'on appelle Monarchie constitutionnelle.

Voyons quel est le meilleur.

XIII.

RÉPUBLIQUE OU GOUVERNEMENT RÉPUBLICAIN

Un gouvernement républicain est le gouvernement de plusieurs. Pour qu'il soit bon, viable et de durée, il est indispensable que les hommes qui le composent soient sages, justes et éclairés ; que, dominés par l'amour de la patrie, ils n'aient en vue que son bien-être, sa prospérité, sa grandeur.

Pour atteindre un si noble but, il faut que ces mêmes hommes soient prêts et résolus à sacrifier, au besoin, leurs biens, leurs intérêts les plus chers et même leur vie.

Tels furent les Pères conscrits de l'ancienne Rome : ce fut à leur sagesse, à leur dévouement sans limite, à l'assemblage enfin de toutes ces vertus, que cette maîtresse du monde dut sa force, son accroissement, sa splendeur.

Mais ces temps de simplicité héroïque sont bien loin de nous. De quelque côté que je porte mes regards, je ne vois qu'intrigues, bassesses et jalousie. Je n'aperçois que défiance et duplicité; injustices et passions désordonnées; égoïsme enfin, ce tombeau de l'amour de la patrie et de toutes aspirations élevées et généreuses.

Or, comme avec tous ces vices inhérents à notre époque, à nos mœurs et à notre caractère, il y a impossibilité matérielle de réunir, surtout par le suffrage universel, un nombre d'hommes, suffisant pour former une assemblée, qui possèdent individuellement les qualités et les vertus essentielles que nous avons énumérées,

Je tire cette conséquence :

Tout essai de gouvernement républicain, en France et dans notre siècle, ne saurait être qu'une utopie, une chimère, et sa constitution une calamité.

XIV.

MONARCHIE PURE OU GOUVERNEMENT MONARCHIQUE

La Monarchie, proprement dite, est le gouvernement d'un seul.

Que le prince appelé à gouverner soit l'élu de la nation, ou qu'il aspire au trône à titre héréditaire, il n'en doit pas moins réunir en sa personne les vertus que nous avons jugées indispensables à tout bon gouvernement.

Il faut que, mettant de côté tous intérêts de famille et toute ambition personnelle, tout désir d'accumuler des richesses, tout entraînement vers les plaisirs, son unique préoccupation soit le bonheur de ses sujets, l'honneur, la dignité, la grandeur de son pays. C'est en agissant ainsi qu'on obtient le respect et l'amour des peuples.

Or, comme de ce qu'il y a impossibilité matérielle, dans le temps présent, de rencontrer un nombre d'hommes, individuellement vertueux, suffisant pour former une bonne assemblée gouvernementale, on ne peut tirer cette conséquence, *qu'il n'existe aucun homme vertueux;* que d'ailleurs il est incontestablement plus aisé de trouver un juste dans un nombre d'hommes déterminé, que d'en rencontrer plusieurs.

Je dis que, sous ce rapport, la Monarchie est déjà plus facile à fonder qu'un gouvernement républicain.

Comme, d'autre part, on ne peut mettre en doute que l'autorité du prince est d'autant plus grande et d'autant mieux assise qu'il est le seul élu de la nation, que seul il est investi de sa confiance, et que, seul, il est reconnu pour maître dans toute l'étendue du territoire,

Il résulte que, n'ayant à subir aucune pression, à redouter aucune opposition systématique ou préconçue, son action gouvernementale atteint à une grande supériorité.

Il a tout loisir de réfléchir mûrement sur ses projets, ses décisions et ses actes, et l'exécution des uns et des autres s'opérant à propos, sans tiraillements, sans troubles d'aucune sorte, il en naît une simplicité merveilleuse dans la marche et l'expédition des affaires qui les rend plus rapides, plus efficaces et plus profitables au pays.

Je conclus donc de ce qui précède, que le gouvernement monarchique, sans toutefois atteindre à la perfection, comme toutes choses d'ici-bas, est bon et préférable à tout autre;

Que non-seulement il peut être établi dans le temps présent, mais que la situation en fait une nécessité.

XV.

MONARCHIE CONSTITUTIONNELLE

La Monarchie constitutionnelle est un gouvernement mixte. C'est une espèce de terme moyen entre la République et la Monarchie pure, adopté ou plutôt subi pour satisfaire aux exigences populaires.

Sous ce régime bâtard, avons-nous dit, le prince ou chef gouverne et ne gouverne pas. Il est sujet et dépendant de la Constitution. Il est en tutelle. Il ne peut faire ce qu'il veut. En présence de l'opposition des Chambres, en face d'un ministère hésitant et responsable, sa marche embarrassée, pénible, trahit sa faiblesse et décèle son impuissance.

C'est le plus mauvais des trois gouvernements. Il résume en lui seul les défauts des deux premiers, sans en avoir la force et l'énergie.

Toutefois, et malgré ces défectuosités capitales, on le voit fonctionner dans certains États et chez certains peuples; mais là, le sentiment patriotique et national prédomine; les discussions des Chambres n'y sont point révolutionnaires, et les orages parlementaires, lorsqu'ils se produisent, n'enfantent point les troubles de la rue. Peuples et gouvernants s'unissent aussitôt, dès qu'il s'agit des intérêts, de la dignité ou de la grandeur du pays.

En est-il de même en France? Y trouve-t-on cet esprit d'union, cet amour de la patrie qui impose silence aux passions? Il n'y a ni l'un ni l'autre.

Il est donc évident que ce mode de gouvernement ne pourrait être constitué chez nous, sans amener des inconvénients et des dangers qu'il faut éviter à tout prix.

XVI.

De l'examen des trois questions précédentes, il apparaît et ressort manifestement que la Monarchie pure ou le gouvernement monarchique, à cause des caractères de sagesse, de force et de stabilité qui lui sont propres, peut seul calmer nos agitations et dissiper nos inquiétudes ; qu'à lui seul est donné de faire renaître cette confiance dans l'avenir qui est la source abondante du travail, du commerce et de l'industrie ; qu'il a seul enfin le pouvoir, après tant et de si cruels désastres, de cicatriser nos plaies et de nous rendre la prospérité et le bonheur.

XVII.

Ceci établi, nous allons toucher quelques mots des révolutions et des républiques de France ; exposer brièvement ce qu'elles ont été et ce qu'elles ont produit, sans nous écarter en rien de la vérité.

XVIII

LA RÉPUBLIQUE

La République en France est plus que la conséquence de la révolution : c'est son verbe incarné. Issu du tumulte, de l'agitation, du désordre et même du crime, il renferme dans son sein les mêmes éléments de turbulences, d'inquiétudes, de passions désordonnées et d'instabilité. Une fièvre ardente le dévore sans cesse, et son existence n'est qu'éphémère. En un mot, la République est portion intégrante de la révolution.

On doit donc les considérer comme parties d'un même tout, un, indivisible.

2.

XIX

RÉVOLUTIONS OU RÉPUBLIQUES EN FRANCE

Qu'est-ce que la République? Osons le dire. Il n'y a pas, je pense, que les partisans de la Commune et de l'Internationale qui, seuls, aient la faculté de s'exprimer librement. Nous ne citerons d'ailleurs que de l'histoire et des faits accomplis sous nos yeux.

La République est le symbole du désordre et de la destruction, du pillage, du vol et de l'assassinat; c'est le triomphe de l'intrigue et de l'audace, de l'irréligion et de l'immoralité; c'est l'anéantissement du commerce et de l'industrie; c'est le ver rongeur qui coupe dans sa racine l'arbre fructueux du travail; c'est l'ère ouverte à toutes les mauvaises passions; en un mot, c'est un torrent de feu qui, se précipitant vers l'inconnu, détruit et dévore tout ce qu'il touche et tout ce qu'il atteint. Prouvons.

XX

RÉVOLUTION OU RÉPUBLIQUE DE 1789

Qu'a produit la trop fameuse République de 1789, tant vantée par la presse en général et par les publicistes modernes?

Qu'a fondé cette République, objet du culte de nos

tribuns, et si souvent citée par les orateurs et les historiens de notre époque? A-t-elle élevé, édifié quelques monuments utiles ? Le pays s'est-il enrichi de quelques-unes de ses institutions? A-t-elle fait affluer les capitaux dans les caisses publiques et privées, donné l'essor à l'industrie, ouvert enfin le champ de la prospérité nationale?

Ce qu'elle a fait, je vais vous le dire.

Elle a mis en lumière et propagé ces *fatales idées de liberté*, si audacieusement exploitées par la presse presque entière, qui sont devenues la source de nos malheurs. Elle a semé la terreur et la mort dans nos villes et dans nos campagnes, et changé nos champs fertiles en déserts; elle a sacrifié d'honnêtes citoyens pour satisfaire à ses haines personnelles ou pour s'emparer de leurs biens; pillé et dissipé en saturnales immondes les trésors de la France; torturé des femmes et des jeunes filles, après les avoir souillées de son contact infect, pour extorquer leur or et leurs objets précieux. La terre, cette mère nourrice des hommes, a frémi d'horreur en se sentant abreuvée de sang innocent, et nos fleuves étonnés ont vu leur cours un instant suspendu par l'affluence des cadavres victimes de sa convoitise et de sa férocité.

Ici je m'arrête. Mais non, elle a fait pis encore; elle a dévasté, pollué nos temples sacrés, lâchement

massacré les ministres des autels, et, pour comble
de scélératesse et d'infamie, ouvert, pillé les tom-
beaux vénérés de nos rois, des illustres fondateurs
de cet empire, et dispersé leurs cendres d'une main
sanglante et sacrilége.

Voilà ses œuvres !

Et c'est ce charnier fumant, ce chaos infernal
que l'on vient chaque jour nous proposer pour modèle! Quelle honte et quelle démence !

Pour les nations les plus sauvages, les cendres
des morts sont inviolables : rien n'est sacré pour le
républicain farouche et avide.

Enfin, après quelques années d'une existence qui
peut être comparée à celle d'un homme en proie aux
accès d'une folie furieuse, les membres survivants
de cette monstruosité, ivres de sang, lassés de crimes, s'entr'égorgeant les uns les autres; la France,
au désespoir et stupéfiée par la terreur, accepta, avec
une sorte de joie inerte, le despotisme d'un homme
nouveau.

XXI

RÉVOLUTION OU RÉPUBLIQUE DE 1830

La révolution de 1830, issue des principes de 1789,
s'opéra au nom de *la Liberté*, mot vague, indéfini, funeste, que les agitateurs jettent en pâture à la mul-
titude pour l'ameuter et la soulever.

Là encore, la presse, les tribuns, la garde nationale, la populace, enfin, tous ces éléments de subversion réunis, concoururent pour renverser le gouvernement et chasser de son trône un roi bon et légitime.

Nous nous abstenons, à dessein, de citer les noms des principaux acteurs de cette sanglante comédie : l'histoire en fait mention; mais nous pouvons affirmer qu'aucun d'eux n'eut en vue ni le bien-être du peuple, ni la prospérité de la nation.

Ce fut, pour les uns, le désir de s'emparer du pouvoir; pour les autres, la soif de l'or et des hauts emplois; pour d'autres encore, la facilité de gaspiller à leur aise et de satisfaire à leurs passions désordonnées; pour la plèbe, enfin, le besoin de saccager, piller et détruire.

Si les excès qui se commirent alors ne furent ni aussi grands ni aussi universels que dans la première République, les résultats n'en furent pas moins affligeants et désastreux pour le pays. Les trésors de l'État furent dilapidés et pillés, le sang coula à flots dans les rues, les palais, sur les places publiques; on incendia, et l'on put contempler, non sans horreur, un cadavre ensanglanté, ce *symbole hideux de la République*, siégeant, inerte, dans le trône de nos rois.

Puis, après s'être vautrée dans l'orgie, le sang et

la fange, la tourbe populaire, repue et fatiguée, rentra dans ses repaires.

Ce fut alors que Louis-Philippe, qui n'était point resté étranger à tous ces désordres, prit sans pudeur la place de l'héritier légitime qu'il convoitait depuis longtemps.

Que créa cette République ? Elle engendra des idées encore plus perverses chez le peuple. Qu'édifia-t-elle ? Pour perpétuer la mémoire des trois néfastes journées, elle éleva la colonne de Juillet.

En réfléchissant sur ce qui s'est passé en France depuis près d'un siècle, on ne peut méconnaître qu'un mauvais génie ne plane au-dessus de nos têtes et ne secoue sur notre malheureux pays ses ailes sinistres et empoisonnées.

On est péniblement affecté de voir ce peuple vain et présomptueux se poser comme un modèle de progrès, d'intelligence et de civilisation ; tandis qu'il est le type de l'idiotisme, de la barbarie et de la décrépitude.

On le voit pousser la stupidité et la démence jusqu'à détruire les monuments de sa gloire et de sa grandeur passées, pour élever et conserver ceux de ses humiliations et de ses hontes.

XXII

RÉVOLUTION OU RÉPUBLIQUE DE 1848

Cette nouvelle révolution eut pour prétexte *la réforme*, ou l'extension des droits du peuple : *c'est toujours la liberté.*

Duvergier de Hauranne fut le promoteur de cette proposition qui recruta bientôt un grand nombre d'adhérents. L'histoire les nomme. Parmi eux figurèrent des hommes nouveaux, et bon nombre de ceux qui, après avoir coopéré à la révolution précédente, même à l'avénement du roi, concoururent ensuite à sa chute.

Les uns furent les mécontents, il y en a sous les meilleurs gouvernements ; les autres de simples représentants, mais tribuns fougueux, envieux de ces hauts emplois, de ces fonctions élevées qui mènent aux honneurs et à la fortune ; d'autres enfin, mus par un sentiment plus bas, la cupidité. Tous s'unirent, tous travaillèrent de concert à renverser un gouvernement qui nous avait donné quinze années de paix, l'ordre et une certaine ère de prospérité. Pour la foule, stipendiée et excitée, ce furent les mêmes appétits grossiers de pillage, d'orgies et de destruction.

Pas plus qu'en 1830, les hommes qui conspirèrent

ne se montrèrent soucieux des intérêts de la nation, ni de l'amélioration du sort du peuple. Ils n'agirent que pour leur intérêt propre et la satisfaction de leurs passions ou haineuses, ou cupides, ou jalouses.

S'ils étaient véritablement des hommes, leur conscience anxieuse et troublée a dû leur infliger bien des jours d'amertume, quoiqu'au sein de l'abondance et des plaisirs.

Entouré d'hommes fallacieux, sans forces militaires suffisantes pour s'opposer au mouvement révolutionnaire, le monarque, alourdi par l'âge et ses habitudes d'oisiveté, face à face avec une situation qui devenait désespérée, consentit enfin à accorder tout ce qu'on exigeait de lui. Mais il était trop tard; le torrent avait brisé tous les obstacles; c'en était fait de la royauté. Et la France allait, peut-être encore, se souiller d'un nouveau régicide, sans l'intervention de quelques hommes du peuple qui favorisèrent sa fuite. *C'est un vieillard.* Honneur leur soit rendu.

Alors, après le sang versé, les incendies et les batailles de la rue, le désordre se fait dans les administrations. Les plus audacieux s'adjugent les emplois. Les caisses publiques, à la merci d'hommes avides, sont fouillées et pillées. Chacun remplit ses poches, chacun gaspille sans contrôle. Puis lorsque l'Empire commence à poindre, les plus compromis d'entre ces misérables, se dérobent, par la fuite, au juste châtiment qui leur est réservé. Accueillis et protégés par l'étranger, parce qu'ils conspirent l'abaissement de la France, ces scélérats, en pleine sécurité, peuvent y continuer leurs menées démagogiques et s'y préparer pour de nouveaux crimes.

O instabilité des choses humaines! Ce même peuple, ce jouet des agitateurs et des intrigants de toutes les époques; ce même peuple, dis-je, qui avait juré la perte des rois et avait scellé ce serment de son sang, fut celui qui, plus tard, proclama l'Empire.

Que produisit cette nouvelle République? Rien. Je me trompe : Louis Blanc, un des héros de cette épopée, dont la presse vante, encore aujourd'hui même, les discours et les écrits, dota le pays du *socialisme universel*, et institua les *ateliers nationaux*.

Pour la France, ce fut toujours la suspension des affaires, le malaise et le discrédit. Pour l'ouvrier laborieux, le chômage et la misère.

Et nous persistons.

XXIII

RÉVOLUTION OU RÉPUBLIQUE DE 1870-71

La Révolution de 1870-71 est celle qui se rapproche le plus de sa sœur aînée pour les horreurs et les atrocités. Quant aux désastres, ils sont incommensurables.

La liberté préside encore à son avénement; c'est *ce même fantôme* que les agitateurs font miroiter aux yeux du peuple toujours crédule pour l'exciter à la révolte. Les orateurs dans les ciubs, les tribuns à la Chambre, la presse, parlant, écrivant au nom de la liberté entière, de l'affranchissement du peuple, de l'abolition du capital, du peuple souverain maître de ses destinées, apte à se gouverner lui-même, et devant vivre sans peine et sans travail. Des distributions d'argent régulières, procurant à tous une oisiveté dangereuse, et leur faisant envisager toutes ces utopies comme autant de vérités et de certitudes. Tels ont été les ressorts mis en mouvement pour préparer les esprits au renversement de l'Empire.

La presse mensongère gouvernait alors. Le chef de l'État, entouré de flatteurs intéressés et astucieux, de nullités militaires et administratives, d'hommes de dépense et de plaisir, se laissait aller à l'indolence et leur abandonnait le soin des affaires. Persuadé, d'ailleurs, que les rapports de la presse n'étaient que l'écho fidèle des vœux du pays, il accordait chaque jour des libertés nouvelles dont on ne lui tenait aucun compte, mais qui l'engageaient insensiblement dans la voie périlleuse qu'il n'a pu parcourir sans tomber.

Égaré par un faux jugement et par les incitations d'écrivains exaltés ou stipendiés, l'empereur a commis deux fautes énormes. Il a fait lui-même l'agrandissement et l'unité de l'Italie et laissé s'opérer tranquillement l'agrandissement de la Prusse et l'unité de l'Allemagne. Il n'était ni bon politique ni bon capitaine, mais essentiellement bon, libéral et généreux. Jamais Paris ne recouvrera cette splendeur éblouissante qui attirait dans ses murs les étrangers de tous les points du monde, et jamais l'ouvrier, objet tout spécial de sa sollicitude, ne jouira d'autant de bien-être, de liberté.

Malgré ces erreurs, et d'autres encore, que l'on compare la situation de la France d'alors avec celle que nous a faite la révolution ou la République? Et cependant Paris et l'ouvrier se sont joints à ses ennemis pour le renverser.

Toutefois la guerre avec la Prusse ne peut lui être imputée comme une faute. Cette puissance, enorgueillie de sa victoire et de son unité, l'avait résolue et s'y préparait depuis longtemps. La seule qui pèse sur lui, en cette occasion, et elle est lourde, est son imprévoyance et son inertie. Averti à temps, c'était à lui de se préparer; à lui seul incombait le devoir de rassembler ses forces éparses et de s'assurer personnellement si ses moyens d'action ou de résistance étaient suffisants, complets, efficaces.

Lorsqu'un peuple a mis sa confiance en un chef, c'est pour qu'il veille à son bien-être, à son honneur et à sa sécurité. Le souverain est un père de famille ; sans cesse il doit avoir les yeux ouverts sur les intérêts de sa maison et le bonheur de ses enfants.

On lui a reproché la capitulation de Sedan, et la malveillance en a fait un crime capital. Mais que pouvait-il faire ou tenter avec 70 ou 80 mille hommes resserrés dans une ville, mal fortifiée d'ailleurs, et peu propre à la défense ? Il avait devant lui, autour de lui, 4 à 500 mille ennemis dont la formidable artillerie couronnait toutes les hauteurs voisines. Sur un signe, il eût été écrasé, foudroyé sans aucun avantage ni profit. La capitulation était obligatoire, les faits sont connus, elle était forcée. Plût à Dieu qu'elle eût reçu son exécution ! La France, quoique vaincue et rançonnée, eût évité bien des hontes, des désastres et des malheurs !

Mais cela ne faisait pas les affaires des hommes du 4 septembre : Jules Favre, à cette nouvelle, crie à la trahison et proclame la déchéance de l'Empire. Un gouvernement provisoire se forme, de sa propre autorité, et l'on déclare ne vouloir céder ni un pouce de notre territoire, ni une pierre de nos forteresses ; on devine l'avénement de la République. Et nous avons perdu deux provinces, nos forteresses principales, des milliards...

Ceux qui, de concert avec cet homme, ont fait

cette déclaration, sont d'autant plus criminels, qu'ils savaient pertinemment que toute résistance était devenue matériellement impossible. La suite le prouve.

A ce manifeste inattendu, les Allemands marchent sur Paris; ils l'investissent sans la moindre résistance, en font le siége, et le bombardement commence.

Que font alors ces hommes pervers? Ils exécutent le plan qu'ils avaient d'avance concerté; mais que s'est-il passé sous ce semblant de gouvernement, qui prit le titre de Gouvernement de la défense nationale, sous cette nouvelle République enfin? On l'ignore généralement. Un voile mystérieux l'enveloppe encore. Bien des turpitudes ont dû s'y produire, car on a craint de le déchirer. Toutefois, il est resté évident et appréciable pour tous qu'un désordre administratif et financier, ainsi qu'un gaspillage énorme et universel, n'ont cessé de régner pendant tout le temps de sa durée. On a vu, chose incroyable, la famine sévir au milieu de l'abondance, et des milliers de citoyens subir les tortures de la faim, tandis que d'autres, en bien plus grand nombre, trafiquaient de leur superflu.

Enfin, grâce aux efforts persistants de M. Thiers, le bombardement cesse, et des aliments frais pénètrent dans la capitale. Par ses soins, un gouvernement provisoire se constitue rapidement à Bordeaux.

3.

Une convention de paix est arrêtée, puis signée. Un rayon de joie et d'espoir commence à s'infiltrer dans les âmes ; mais tout Paris est armé, et la Discorde, le parcourant de ses ailes rapides, y souffle ses plus noirs poisons. Le Gouvernement de Bordeaux, désormais à Versailles, est méconnu ; il est déclaré traître à la patrie. La Commune s'organise, s'empare du pouvoir et reste maîtresse de la ville entière et des forts. Alors la guerre civile éclate avec fureur, et la capitale subit un nouveau siége bien autrement terrible que le premier.

Quels faits et quels événements pendant cette seconde période de deux mois ! La plume se refuse à les retracer.

Les administrations et les fonctions publiques livrées en des mains mercenaires ; le pillage à ciel ouvert des caisses de l'État, des églises, des grands établissements, des maisons particulières ; les réquisitions et les vols à main armée, sont les actes les moins répréhensibles de cette horde insurrectionnelle et désordonnée. Puis viennent les comités révolutionnaires, les enrôlements forcés, les arrestations des suspects, les exécutions sans jugement, et les massacres des amis de l'ordre, des prêtres et des otages ; enfin l'incendie organisé méthodiquement sur une vaste échelle, préparé, disposé avec une précision infernale pour ne faire de la capitale de la France qu'un vaste foyer d'embrasement, un amas informe de décombres et de ruines noircies, calcinées, fumantes.

XXIV.

LA BATAILLE

Quiconque n'a pas assisté aux dernières heures de la Commune et à son agonie, ne peut et ne pourra jamais se former une idée du terrifiant spectacle qui s'est déroulé sous mes yeux, pendant deux jours et deux nuits consécutifs. Placé au centre de l'action, j'ai vu la bataille, éclairée des lueurs sinistres de l'incendie. J'ai vu, brûlant à la fois, les Tuileries, le Louvre et la rue de Rivoli ; la Légion d'honneur la Cour des comptes, les Dépôts et Consignations, le Palais de Justice et l'Hôtel de Ville ; les théâtres et les habitations avoisinant les portes Saint-Denis et Saint-Martin, et bien d'autres encore dont je ne pouvais au juste apprécier la situation. J'ai vu les flammes immenses que projetaient ces vastes fournaises s'élever à des hauteurs prodigieuses, et lancer au loin leurs débris enflammés. Nous étions assourdis et comme hébétés du roulement continu de la canonnade et de la fusillade, du sifflement incessant et monotone des projectiles de toutes sortes, se croisant devant nous et sur nos têtes, s'abattant et éclatant dans les rues, dans les cours et sur les maisons.

Concert étrange et effrayant, que dominait de temps à autre le bruit plus formidable encore des toitures qui s'effondraient et des murailles qui s'écroulaient de toutes parts. Puis, embrassant cette scène, un ciel enflammé dans tout son horizon, reflétant et déversant ses teintes rougeâtres sur la ville entière, formait de cet ensemble de lutte et de destruction le tableau le plus imposant et le plus épouvantable. Nous nous croyions au milieu d'un enfer. Des femmes affolées fuyant l'incendie, des blessés, en grand nombre, portés silencieusement sur des fusils et sur des brancards : c'était poignant, c'était horrible !

J'ai aidé à panser des hommes de la Commune, car l'horreur qu'ils inspiraient s'évanouissait devant le sang qui coulait de leurs blessures. Dans le nombre il s'en trouvait qui n'avaient pas une heure à vivre, eh bien, pas un cri, pas une plainte ne s'échappait de leur poitrine haletante. Tous, sans exception, n'exprimaient qu'un seul désir, celui de retourner au combat.

Pour nos soldats, quelques-uns d'entre eux, détachés en éclaireurs sous la conduite d'un officier, vinrent faire une courte halte devant l'habitation qui me servait de refuge. Ils étaient très-fatigués. Nous les fîmes rafraîchir et leur adressâmes quelques questions. Ce fut alors que nous pûmes admirer leur calme, leur courage et leur sobriété.

XXV.

Voilà l'esquisse fidèle des deux premières périodes de cette révolution et de notre République. Jusqu'ici je ne compte que des ruines; fasse le ciel que ce soit la fin de nos malheurs!

Mais nous retombons dans les mêmes fautes, et nous suivons la mauvaise voie.

XXVI.

Quant à ces hommes réprouvés, à ces génies sataniques qui ont préparé et exécuté un tel ensemble de forfaits, leurs noms, plus ou moins abjects, déjà sont inscrits aux plus lugubres pages de notre histoire et voués pour jamais à l'exécration de la France et du monde.

Quelle célébrité!

XXVII.

Et toi, peuple de France, toi si brave, mais, hélas! le plus léger et le plus inconstant de tous les peuples, jusques à quand seras-tu donc possédé de cet esprit de vertige qui t'entraîne fatalement vers l'abîme? Ouvre donc les yeux : déjà l'insolent étranger mesure ostensiblement la surface de ton territoire; il fait le dénombrement de tes villes et de tes populations; il s'enquiert de tes ressources, de tes richesses, de tes revenus. Dans quel but?

XXVIII.

LES RÉSULTATS

Tels sont, en résumé, les fruits amers que nous avons recueillis des quatre Républiques qui ont eu lieu successivement dans notre pays, depuis environ quatre-vingts ans, *au nom de la liberté et de la fraternité.*

XXIX.

Est-il un homme, à moins qu'il ne soit frappé de cécité ou privé du plus gros bon sens, qui ne voie et ne sente que toutes ces révolutions, toutes ces tentatives de Républiques, loin d'être un progrès en civilisation et en bien-être, nous rejettent dans la barbarie et la misère ; que, loin de nous conduire dans les voies de l'honneur et de la gloire, elle nous infligent les stigmates de l'humiliation et de la honte ; enfin qu'aulieu de rendre la patrie plus grande et plus florissante, elles l'amoindrissent et la ruinent?

Oui : Je le dis sans crainte, et c'est pour moi un devoir, comme honnête homme et comme citoyen, nos révolutions et nos Républiques n'ont été profitables qu'aux ambitieux, aux intrigants et aux... agitateurs de toute espèce et de tout rang. Tout les hommes honnêtes, paisibles et laborieux en sont les victimes.

XXX.

Maintenant ; Le gouvernement actuel ou plutôt le pouvoir qui nous régit, est-il véritablement l'élu de la nation? Est-il dans sa constitution, dans son ensemble, celui qui convienne à la France? C'est-ce que nous allons nous permettre d'examiner.

XXXI.

Le gouvernement actuel n'est ni légitime, ni régulier, ni loyal, il n'offre aucunes garanties de stabilité, il n'est qu'un transitoire. Prouvons :

XXXII.

LE GOUVERNEMENT ACTUEL N'EST NI LÉGITIME, NI RÉGULIER

Il n'y a de légitime et de régulier, en fait de gouvernement, que celui qui est désiré, demandé et acclamé par la nation.

Ce qui constitue la nation sont ceux qui possèdent, soit de leur patrimoine, soit comme ayant acquis du fruit de leur travail, soit enfin ceux qui professent ou exercent un commerce ou une industrie ; qui tous, en raison de l'importance de leurs biens ou de leurs affaires, participent aux charges de l'État ; qui tous ont un égal intérêt à ce que l'ordre règne au dedans, les bonnes relations au dehors, que les lois et la justice soïent respectées et exécutées, que leurs personnes et leurs biens soient en sécurité.

Tels sont les éléments qui, seuls, forment ce qu'on peut appeler la nation.

Or, le gouvernement actuel a-t-il été constitué dans ces conditions? Non. Il est le résultat du suffrage universel, c'est-à-dire du vote de tous les individus indistinctement qui possèdent et ne possèdent pas, qui, âgés de vingt ans, Français ou étrangers, ont justifié, tant bien que mal, de leur identité et d'un domicile de quelques mois dans leur arrondissement ou leur commune, système déplorable qui ouvre la porte grande à tous les abus et à toutes les fraudes ; mais, par cela même, demandé et soutenu avec insistance par une grande partie de la presse, et exigé par des orateurs turbulents, avides de révolutions, auxquels il est indispensable pour parvenir à leurs fins.

Ces hommes qui ne possèdent pas sont fort nombreux, plus nombreux même dans les grandes villes que ceux qui possèdent et dont ils sont les ennemis nés. Ils leur portent envie et se croient dans la dépendance et la servitude parce qu'ils travaillent pour celui qui les paye. Hostiles à toute autorité légale et répressive, ce sont eux qui ont fourni à l'Internationale et à la Commune tous leurs éléments de force, de rébellion et de résistance. Ce sont eux enfin qui, terrassés mais non vaincus, ont encore réuni assez de voix pour faire admettre à la Chambre leurs dignes représentants.

Il est donc évident que ce n'est point dans cette masse confuse et en partie gangrénée, que se trouvent les véritables aspirations de la nation.

D'autre part, le gouvernement actuel a été enfanté par la nécessité. On n'avait ni le temps ni les moyens de réfléchir, de choisir et de délibérer. D'un côté, l'étranger, de l'autre la Commune; il fallait avec promptitude se rallier à une force quelconque pour mettre un terme à la fureur dévastatrice de l'une et satisfaire en partie aux exigences de l'autre.

C'est ce qui a eu lieu, et il était temps ; mais on ne peut dire que ce soit là le vœu de la nation.

Il ressort donc de ces deux propositions que le gouvernement actuel n'est ni légitime ni régulier.

XXXIII

LE GOUVERNEMENT ACTUEL N'EST POINT LOYAL

Un gouvernement, quel il soit, ne saurait être loyal s'il n'est entièrement formé d'hommes justes et probes, intègres dans le présent comme dans leur passé, qui pratiquent ces vertus et les font triompher pour l'honneur, la dignité et aussi la satisfaction du pays qu'ils représentent.

Ce raisonnement ne souffre point d'objection.

Il est également incontestable que la Chambre est le gouvernement. Si l'honorable chef du pouvoir exécutif, ou président de la République, en est la tête, la Chambre en est le corps et l'ensemble : tout s'y élabore, tout s'y discute et tout s'y décide à la majorité des voix.

Or, cette Chambre est-elle exclusivement composée d'hommes possédant et pratiquant les vertus dont je viens de parler ?

Nous serions heureux de pouvoir l'affirmer ; mais en font partie un assez grand nombre dont le passé et même le présent laissent, sous ces divers rapports, énormément à désirer. Attendre ou espérer quelque acte de justice ou de loyauté de personnages tels que les Favre, les Picard, les Louis Blanc, les Ledru-Rollin et autres de même trempe, ne serait-ce pas illusion et folie ?

Donc, le gouvernement fluctuant entre ces deux courants opposés, le bon et le mauvais, le juste et l'injuste, qui se neutralisent réciproquement, n'est et ne peut être loyal.

XXXIV

UN FAIT EN PASSANT, POUR INITIER LE LECTEUR AUX FAÇONS
DE FAIRE DES HOMMES DU 4 SEPTEMBRE

—

LES EMPLOYÉS DE LA LISTE CIVILE

Le 4 septembre 1870, Jules Favre et consorts,

d’aussi honteuse mémoire, s’emparent du pouvoir et se distribuent les rôles. Le 5, Picard, installé aux Finances, supprime la liste civile, s’empare de la caisse et licencie brutalement les employés. Ils sont chassés sans avertissement préalable, sans arrêté, sans décret; on les jette sur le pavé, à la grâce de Dieu et à la merci du hasard, sans un sou d’indemnité, et au début des événements que nous venons de traverser, c’est-à-dire en face de la misère et de la faim. Mais qu’importe à cet hemme sans cœur et avide? Il nage dans l’or, il peut y puiser à pleines mains, il est sûr de se procurer toutes les jouissances, d’assouvir sa cupidité.

Tous ces exclus, néanmoins, sont des employés de l’État; tous ont versé dans les caisses de l’État 5 p. 100 de leur traitement, depuis leur entrée en fonctions, pour leur venir en aide au besoin. Plusieurs d’entre eux dépassent soixante ans d’âge et ont droit à une retraite: ils comptent de longs et d’honorables services. Eh bien, vous tous qui me lirez, vous pensez, sans doute, que le gouvernement, qui dépense une grande part de son temps en discussions oiseuses et stériles, aura trouvé le moment de penser à eux, de statuer sur leur position, de liquider ce qui leur est dû? Vous vous abusez étrangement : il n’y a pas d’emploi pour eux. Le gouvernement est sourd à toutes leurs réclamations; il les repousse, garde leur argent et dénie leur droit *au nom de la fraternité*.

Sont-ce là les actes d'un gouvernement loyal et juste? Non. Encore une fois, c'est même plus que de la déloyauté et de l'injustice : c'est de la spoliation.

XXXV

LE GOUVERNEMENT ACTUEL N'OFFRE AUCUNE GARANTIE DE STABILITÉ. IL N'EST QUE TRANSITOIRE.

Tout gouvernement n'est stable qu'autant qu'il a pour base la religion et la justice; qu'il fait prévaloir l'une et l'autre et donne lui-même l'exemple de ces vertus.

Le peuple imite le souverain, le serviteur le maître.

La sagesse doit dicter ses résolutions.

La dignité présider à ses actes.

L'énergie et la force doivent être son apanage.

Un gouvernement fort est toujours respecté; lorsqu'il parle, on l'écoute; lorsqu'il commande, on obéit.

Il n'inspire point de crainte aux bons : les méchants seuls le redoutent.

La force, c'est la vie dans toute sa plénitude; la faiblesse mène à la mort.

Or, la République ou le gouvernement républicain d'aujourd'hui réunit-il ces éléments de vitalité et de durée?

Pas même l'ombre.

La religion, cette clef de voûte de tout Etat, de toute société organisée, semble lui être à peu près inconnue, ou du moins tellement indifférente, qu'elle ne tient qu'une place infime dans ses préoccupations. On ne la soutient ni protége. Les ministres de notre culte sont montrés du doigt, et c'est avec un empressement marqué que l'on saisit toute occasion de déverser sur eux le blâme et l'ironie, l'injure et la calomnie.

Le Saint-Père, ce chef vénérable de l'Église, est dans les fers. Dépouillé, persécuté par un prince sans honneur et sans foi; ses jours se consument dans l'amertume et la tristesse. Qu'a-t-on fait pour adoucir une si grande infortune? Une banalité de cour lui a été adressée, et cette nullité épistolaire et diplomatique a reçu la sanction de la presque totalité de la Chambre, qui s'est montrée heureuse d'en être quitte à ce prix.

Mais pourquoi s'étonner de l'apathie religieuse qui règne chez nos gouvernants? N'ont-ils pas choisi pour ministre de l'instruction publique et des cultes un affilié aux impies et aux incendiaires de l'Internationale? un homme qui s'est fait un titre, près des clubs de Berne et de la populace de France, d'être *le partisan déclaré de la séparation de l'Église et de l'État, et de la suppression du délit d'offense à la morale publique et religieuse?*

Ne soyons donc plus surpris d'entendre résonner dans nos écoles le chant haineux et féroce de *la Marseillaise*, en place des douces louanges du Créateur.

Ne soyons donc plus surpris des fêtes mémorables des écoles de Lyon et des turpitudes qui s'y sont produites.

C'est ainsi que, sous la direction de ce ministre incapable et pourri, s'élève et grandit une génération qui surpasserait en malice et en impiété celle que nous avons vue à l'œuvre dans ces derniers temps.

Oui : Si un tel état de choses devait subsister, la France n'a plus qu'à abdiquer l'une de ses plus belles prérogatives, le titre glorieux de *Fille aînée de l'Église*.

Il serait temps que cet homme rentrât dans la fange d'où il n'eût jamais dû sortir.

Puisque nous avons prouvé, dans l'article précédent, que la Chambre ou le Gouvernement n'était ni loyal ni juste ;

Dans celui-ci, qu'au lieu de soutenir et de protéger la religion, il la laissait contemner et avilir ;

Il s'ensuit que ni l'un ni l'autre de ces deux puissants auxiliaires ne concourt à sa stabilité.

XXXVI.

LA SAGESSE DICTE-T-ELLE LES RÉSOLUTIONS DE LA CHAMBRE ?

Pour résoudre cette question et démontrer que tout esprit de sagesse est exclu de l'Assemblée, il nous suffit de citer un seul passage du discours prononcé par M. Thiers, à l'occasion de la dissolution des gardes nationales.

Le voici textuellement :

« Je n'ai pas, dit le grand orateur en s'adressant à l'Assemblée, je n'ai pas un autre travail, du matin jusqu'à la nuit, que de chercher à empêcher les partis qui nous divisent de se précipiter les uns sur les autres. »

Après un tel témoignage, toute autre preuve deviendrait superflue.

Il reste donc acquis que le gouvernement est dénué de sagesse.

XXXVII.

LA DIGNITÉ PRÉSIDE-T-ELLE AUX ACTES DE LA CHAMBRE ?

Il ne peut en être ainsi.

Elle renferme dans son sein des apôtres d'iniquité, dont le passé se lie étroitement aux plus tristes événements de notre histoire contemporaine; de dangereux sectateurs, dont le présent accuse chaque jour les dispositions mauvaises, hostiles et subversives; des chefs avoués du désordre en permanence, dont la tenue, les actes et les discours décèlent l'origine, les habitudes et les tendances.

Lisez, consultez les comptes rendus des séances de cette Assemblée; voyez si ses discussions, ses délibérations, ses actes portent la plus légère empreinte de cette modération, de ce calme et de cette fermeté raisonnée et réfléchie qui constituent la véritable dignité d'une Chambre souveraine. Vous n'y trouverez rien de semblable : tout y est passion, désordre et anarchie. Nous sommes en suspicion près des autres gouvernements; on ne nous prend plus au sérieux.

La Chambre, donc, manque de dignité.

XXXVIII.

LE GOUVERNEMENT EST-IL ÉNERGIQUE ET FORT ?

L'homme qui pense et qui réfléchit est profondément attristé en présence des opinions et des partis qui s'y produisent, le divisent et l'énervent.

Monarchie et République, — légitimistes, orléanistes, républicains et napoléoniens,—droite, centre droit, droite extrême, — gauche républicaine pure, gauche modérée, gauche radicale ou socialiste, etc.,

— enfin la catégorie des *hésitants*, partie flottante et expectante, toujours prête à se rallier au parti du plus fort.

Tel est, à quelques nuances près, l'ensemble de la Chambre.

Que peut-il sortir de ce chaos ? dissensions, troubles de toutes sortes, faiblesse et instabilité.

M. Thiers a conjuré des malheurs et des désastres incalculables, car jamais on ne saura les apprécier au juste ; eh bien, ma conviction est, et je la regarde comme une certitude, que si cet homme d'État, rare, très-rare, n'était plus prépondérant à la Chambre, à la tête du pouvoir enfin, nous tomberions inévitablement dans des calamités plus effroyables encore.

A ces causes de faiblesse et d'instabilité vient, en plus, se joindre l'impuissance. Elle nous est, il est vrai, imposée en quelque sorte par la situation, mais elle existe, et nous la subissons. Voyons plutôt :

La Russie met à néant le traité de 1855. Nous restons impassibles, nous trouvons même qu'elle a *fait preuve de longanimité.*

La Prusse se retire, il est vrai, mais lentement et à regret ; elle fait mépris des conventions arrêtées et ne lâche sa proie qu'en l'humiliant et en la triturant sous toutes les formes. Nous avalons le calice et disons : *C'est le sort des vaincus.*

L'Italie foule aux pieds les traités, fausse ses promesses, et, profitant de nos malheurs, s'empare de Rome, de Rome notre bien légitime : *nous restons muets*. La presse seule élève la voix, mais pour y applaudir.

Le successeur de saint Pierre, dépouillé de ses priviléges temporels, de son prestige et de son autorité, est relégué ou plutôt prisonnier au Vatican. Sa vie est en péril, il demande à la France asile et protection ; le chef du pouvoir exécutif, dont on ne saurait suspecter les bonnes, les excellentes intentions, est réduit à l'impuissance ; il l'avoue.

« Issus de la nécessité, dit-il à la Chambre, nous ne *pouvons qu'accepter les faits accomplis*. Je ne puis agir isolément ; mais je ferai tous mes efforts pour que, d'accord avec les puissances catholiques, la liberté et l'indépendance *spirituelles* du saint-siége soient respectées et sauvegardées. » La Chambre adopte.

Mais la France n'est pas la Chambre : la France *n'accepte pas les faits accomplis ;* elle proteste, au contraire, de toute sa volonté et de toute son énergie, contre ces actes de basse trahison et de félonie. Elle souffre, elle endure, et attend avec impatience et colère les jours de justice et de vengeance.

Les dissensions, la faiblesse et l'impuissance du gouvernement étant ainsi démontrées, il en ressort qu'il n'offre aucune garantie de stabilite.

XXXIX.

Pour terminer : Il nous convient de citer à l'appui de nos raisonnements et de nos preuves, deux appréciations étrangères que le hasard à mises entre nos mains. Ces documents jettent la lumière sur ce que l'on pense de nous en Europe, sur le peu de fond qu'inspire notre régime gouvernemental et la situation de la France d'aujourd'hui.

XL.

Je lis dans la *Liberté* du 1er septembre 1871 cet extrait, tiré de la *Nouvelle Presse libre* de Vienne :

M. Frère-Arban, ancien ministre belge et l'un des plus remarquables hommes d'État de ce royaume, s'est prononcé de la manière suivante vis-a-vis d'un diplomate français :

« Vos ruines sont terribles ; mais elles se laissent plus facilement reconstruire que celles de votre grandeur politique. Ne vous faites pas d'illusions : l'Europe a des sympathies pour vous ; mais *elle ne croit ni à votre sagesse ni à votre patience.*

« A son point de vue, la France *est en décadence* comme l'était l'empire romain après la gloire de César et les splendeurs d'Auguste.

« La Prusse est devenue la France d'Iéna et de Tilsitt.

« Ce n'est pas pour se couvrir que la Prusse a gardé Metz ; mais pour ouvrir la route de Paris, commandée par les canons allemands.

« Bismarck à conclu la paix, mais il prévoit la guerre.

« Les Allemands resteront en France, non-seulement en garnison, mais pour vous surveiller comme ennemis.

« La Prusse *a un allié puissant en France, la démagogie.*

« *La Prusse compte sur la révolution pour achever d'énerver votre patriotisme, et sur les divergences de vos partis politiques qui rendent tout gouvernement stable impossible.* »

XLI.

La *Liberté* du 5 septembre suivant, au titre : *Presse étrangère*, rapporte que la *Gazette de Cologne* a consacré un long article aux dernières séances de l'Assemblée. Elle en extrait ce qui suit :

« La conduite de M. Thiers n'a pu étonner personne. Pénétré et convaincu de sa propre valeur, plus désireux que jamais de garder le pouvoir, le chef de l'exécutif a reconnu que les menaces de sa retraite n'effrayent plus la majorité. Avec d'autant plus de frénésie il s'accroche au pouvoir. Il a donc lâché la gauche pour se jeter dans les bras de la majorité conservatrice qui a bien accueilli le fils prodigue.

« La France a un président de la République, mais *la situation intérieure n'est que plus embrouillée pour cela*, et *personne ne saurait dire ce qui ressortira, enfin, de ce chaos*. Une monarchie, une dictature militaire, ou une seconde dictature Gambetta. »

XLII.

Je ne pense point comme la *Gazette de Cologne* en ce qui concerne M. Thiers; je suis certain au contraire que, bien loin de se cramponner au pouvoir, le président de la République désirerait être déchargé d'un aussi lourd fardeau. Les intérêts de la France, le besoin de la relever et de terminer l'œuvre qu'il a si noblement et si laborieusement commencée, sont seuls capables de lui imposer le sacrifice de son repos et de sa liberté.

Mais cet extrait, ainsi que le précédent, n'en font pas moins ressortir les divergences des partis et les divisions qui règnent dans l'Assemblée, la faiblesse et l'instabilité du gouvernement.

C'est dans ce seul but que je les reproduis.

XLIII.

RÉSUMÉ ET CONCLUSION.

Après avoir exposé les causes de nos désastres;

Démontré, que des trois espèces de gouvernements qui régissent les peuples, le meilleur est celui d'un seul maître unique et absolu;

Prouvé que toutes les révolutions ou républiques qui se sont succedé en France n'ont produit que des perturbations, des calamités et des ruines, sans aucune compensation, qu'elles ont enfanté et accéléré notre décadence;

Prouvé logiquement et appertement que le gouvernement républicain, actuellement existant, vicié dans sa constitution, en proie aux divisions, déchiré par les divergences des partis qui, sans cesse aux prises, cherchent à prédominer les uns sur les autres, n'offre à la France, inquiète et expectante, aucune garantie de force, d'ordre et de stabilité;

Qu'il s'ensuit qu'un tel chaos gouvernemental est non-seulement alarmant, mais désastreux pour le pays tout entier,

Nous nous croyons fondé à tirer cette conclusion : que les destinées de la France doivent être remises entre les mains d'un chef, unique et souverain maître.

XLIV.

Mais, parmi les prétendants à ce pouvoir suprême, à cette couronne si vacillante, parfois funeste et pourtant si enviée, quel est celui qui doit fixer le choix de la France? C'est ce que je me réserve de démontrer dans le volume suivant.

XLV

Que tous ceux qui aiment sincèrement la France se serrent donc et s'unissent dans une même pensée. Qu'ils s'élèvent au-dessus des mesquines et vulgaires passions, et n'aient qu'un but, qu'un but unique, le bien et la grandeur du pays.

Que les membres sains de l'Assemblée s'opposent énergiquement à toute tentative qui aurait pour objet de changer le *statu quo*, car les temps sont proches où cette grande question de Monarchie ou de République va se décider. La France s'agite, ses aspirations commencent à se faire jour ; la France, enfin, sent le besoin d'un Roi.

XLVI

Pour moi j'aime ma patrie et voudrais la voir prospère. C'est là mon seul désir et le but de mes efforts.

FIN DU PREMIER VOLUME.

Sous presse :

LE DEUXIÈME VOLUME.

Paris. — Edouard BLOT et fils-ainé, imprimeurs, rue Bleue. 7.